SANTO AFONSO DE LIGÓRIO

VIA-SACRA
O caminho da cruz e da ressurreição

Seleção de textos:
Pe. Ferdinando Mancilio

DIREÇÃO EDITORIAL: Pe. Fábio Evaristo R. Silva, C.Ss.R.
COORDENAÇÃO EDITORIAL: Ana Lúcia de Castro Leite
REVISÃO: Denis Faria
DIAGRAMAÇÃO E CAPA: Tiago Mariano da Conceição

ISBN 978-85-369-0521-1

3ª impressão

Todos os direitos reservados à **EDITORA SANTUÁRIO** – 2022

Rua Pe. Claro Monteiro, 342 – 12570-000 – Aparecida-SP
Tel: 12 3104-2000 – Televendas: 0800 - 0 16 00 04
www.editorasantuario.com.br
vendas@editorasantuario.com.br

REZANDO A VIA-SACRA COM SANTO AFONSO MARIA DE LIGÓRIO

Santo Afonso Maria de Ligório foi um homem apaixonado por Jesus. Não se cansava de surpreender-se com o amor de Deus pela humanidade. Em seus escritos e ensinamentos encontramos com frequência um deslumbramento em relação ao gesto de entrega de Jesus, tornando-o humanamente irreconhecível no alto da cruz.

Em muitas ocasiões Santo Afonso utiliza superlativos, como "Amantíssimo", "Dulcíssimo"... É a maneira que encontrava para manifestar seu amor apaixonado pelo Cristo e de reconhecer o amor sem limites do Cristo pela humanidade.

Dentre os inúmeros escritos que Santo Afonso nos deixou, encontramos esta Via-Sacra que você tem em mãos. Aqui encontramos o eco de seus sentimentos. Afonso a introduziu no convento redentorista e exortava seus confrades a difundi-la nas missões.

Este livrinho traz as meditações de Santo Afonso inseridas numa estrutura que favorecerá a celebração desta devoção em comunidade. Que este instrumento sirva de auxílio nesse exercício de piedade tão nobre, principalmente para os simples e humildes que reconhecem bem depressa o amor que o Senhor os tem.

Andemos, pois, com o Cristo, porque "se morremos com Ele, com Ele também ressuscitaremos" (Rm 6,8).

DIÁLOGO DE JESUS E A ALMA
(DUETO)

(Poderá ser rezado durante a Via-sacra)

Juiz injusto e iníquo, depois de teres várias vezes declarado inocente meu Senhor, agora assim o condenas a morrer como bandido numa cruz! Bárbaro, de que serviu condená-lo aos flagelos, se depois já era previsão condená-lo à morte. Teria sido melhor se, aos primeiros gritos de seus inimigos, o tivesses condenado àquela morte, à qual, malvado, o destinas e mandas agora.

Mas, que mistura de armas, gritos e prantos, que barulho confuso eu ouço? Que som feroz e triste é este? Ah! Esta é a trombeta que com certeza vai tornando pública a condenação de meu Senhor à morte.

Mas, ó Deus, que dor!

Ó meu Jesus, quão aflito, escorrendo sangue, e com passo hesitante, mal pode caminhar, enquanto marca com seu divino Sangue o chão onde pisa os pés. Uma pesada cruz oprime seus ombros chagados e atormentados; e bárbara coroa de agudos espinhos circunda sua fronte e sua veneranda cabeça. Ah! Meu Senhor, o amor te fez rei de teatro, te fez rei de teatro e de dor.

Alma: Aonde vai, Jesus? Aonde?

Jesus: Vou morrer por ti!

Alma: Já que vais por mim morrer, meu amado Deus, também quero ir. Quero contigo morrer.

Jesus: Fica. Fica em paz e compreende o amor que tenho por ti. E, quando eu morrer, lembra-te de mim. Fica, pois, amada minha. E, em sinal de meu amor, dá-me todo o teu coração. E guarda, guarda a fidelidade a mim.

Alma: Sim, Tesouro meu, meu Bem, dou-te todo o meu coração, com tudo o que sou. Sou toda tua, meu Rei!

INVOCAÇÃO A JESUS E MARIA
(Poderá ser rezada antes ou após a Via-sacra)

— Ó Salvador do mundo, ó amante das almas, ó Senhor, o mais digno objeto de nosso amor, vós, por meio de vossa Paixão, viestes a conquistar nossos corações, testemunhando-lhes o imenso afeto que lhes tendes, consumando uma redenção que a nós trouxe um mar de bênçãos e a vós um mar de penas e ignomínias. Foi por esse motivo principalmente que instituístes o Ss. Sacramento do altar, para que nos lembrássemos continuamente de vossa Paixão.
— Como tais prodígios de amor já tendes conseguido que inúmeras almas santas, abrasadas nas chamas de vosso amor, renunciassem a todos os bens da terra, para se dedicarem exclusivamente a amar tão somente a vós, amabilíssimo Senhor. Fazei, pois, ó meu Jesus, que eu me recorde sempre de vossa Paixão e que, apesar de miserável pecador, vencido finalmente por tantas finezas de vosso amor, me resolva a amar-vos e a dar--vos com meu pobre amor algumas provas de

gratidão pelo excessivo amor que vós, meu Deus e meu Salvador, me tendes demonstrado.

— Recordai-vos, ó Jesus meu, que eu sou uma daquelas vossas ovelhinhas, por cuja salvação viestes à terra sacrificar vossa vida divina. Eu sei que vós, depois de me terdes remido com vossa morte, não deixastes de me amar e ainda me consagrais o mesmo amor que tínheis ao morrer por mim na cruz. Não permitais que eu continue a viver ingrato para convosco, ó meu Deus, que tanto mereceis ser amado e tanto fizestes para ser de mim amado.

— E vós, ó Santíssima Virgem Maria, que tivestes tão grande parte na Paixão de vosso Filho, impetrai-me pelos merecimentos de vossas dores a graça de experimentar um pouco daquela compaixão que sentistes na morte de Jesus e obtende-me uma centelha daquele amor, que constituiu o martírio de vosso coração tão compassivo.

— Suplico-vos, Senhor Jesus Cristo, que a força de vosso amor, mais ardente que o fogo, e mais doce que o mel, absorva minha alma, a fim de que eu morra por amor de vosso amor, ó vós que vos dignastes morrer por amor de meu amor. Amém.

ORAÇÃO INICIAL

D.: Em nome do Pai e do Filho e do Espírito Santo.
T.: **Amém.**
D.: Senhor meu Jesus Cristo, vós percorrestes com tão grande amor este caminho para morrer por mim, e eu vos tenho ofendido tantas vezes, apartando-me de vós pelo pecado. Mas agora vos amo com todo o meu coração, e, porque vos amo, arrependo-me sinceramente de todas as ofensas que vos tenho feito.
T.: **Perdoai-me, Senhor, e permiti-me que vos acompanhe nesta viagem. Ides morrer por meu amor, pois eu também quero viver e morrer pelo vosso, amado Redentor meu. Sim, Jesus meu, quero viver sempre e morrer unido a vós.**

1ª ESTAÇÃO: JESUS É CONDENADO À MORTE

D.: Nós vos adoramos, Senhor Jesus, e vos bendizemos!
T.: Porque por vossa Santa Cruz remistes o mundo!

Evangelho segundo João:
"Pilatos perguntou a Jesus: 'Tu és o rei dos judeus?' (...) Ele respondeu: 'O Meu Reino não é deste mundo; se o meu Reino fosse deste mundo, pelejariam os meus servos, para que eu não fosse entregue aos judeus; mas o meu Reino não é daqui'". *(Jo 18,33.36)*

D.: Contemplemos como Jesus, depois de ter sido açoitado e coroado de espinhos, foi injustamente sentenciado por Pilatos a morrer crucificado.
T.: Amado Jesus meu, por mim ides à morte, quero seguir vossa sorte, morrendo por vosso amor. Perdão e graça imploro, neste caminho de dor!
L.: Ó meu adorado Jesus: meus pecados foram maiores do que os de Pilatos e dos que vos sentenciaram

a morte. Pelos méritos deste doloroso passo, suplico-vos me assistais no caminho que vai percorrendo minha alma para a eternidade.

T.: Amo-vos, ó meu Jesus mais que a mim mesmo, e me arrependo de todo o coração de haver-vos ofendido; não permitais que volte a separar-me de vós outra vez. Fazei que vos ame sempre e dispondes de mim como desejais, como vos agradais. Amém.

(Pai-nosso... Ave-Maria... Glória ao Pai...)

Canto
A morrer crucificado,/ teu Jesus é condenado/ por teus crimes, pecador! (bis)/ Pela Virgem dolorosa,/ vossa Mãe tão piedosa,/ perdoai-me, meu Jesus! (bis)

2ª ESTAÇÃO
JESUS CARREGA A CRUZ

D.: Nós vos adoramos, Senhor Jesus, e vos bendizemos!
T.: **Porque por vossa Santa Cruz remistes o mundo!**

Evangelho segundo João:
"Ele próprio carregava sua cruz para fora da cidade, em direção ao lugar chamado Calvário, em hebraico Gólgota" (Jo 19,17).

D.: Contemplemos como Jesus, andando neste caminho com a cruz às costas, ia pensando em vós e oferecendo a seu Pai, por vossa salvação, a morte que ia padecer.
T.: **Amado Jesus meu, por mim ides à morte, quero seguir vossa sorte, morrendo por vosso amor. Perdão e graça imploro, neste caminho de dor!**
L.: Ó meu amado Jesus: abraço todas as tribulações que me tendes destinadas até a morte, e vos rogo, pelos méritos da pena que sofrestes levando vossa Cruz, me deis força para levar a minha com perfeita paciência e resignação.

T.: **Amo-vos, ó meu Jesus, mais que a mim mesmo, e me arrependo de todo o coração de haver-vos ofendido; não permitais que volte a separar-me de vós outra vez. Fazei que vos ame sempre e dispondes de mim como desejais, como vos agradais. Amém.**
(Pai-nosso... Ave-Maria... Glória ao Pai...)

Canto
Com a cruz é carregado/ e do peso acabrunhado./ Vai morrer por teu amor! (bis)/ Pela Virgem dolorosa,/ vossa Mãe tão piedosa,/ perdoai-me, meu Jesus! (bis)

3ª ESTAÇÃO
JESUS CAI PELA PRIMEIRA VEZ

D.: Nós vos adoramos, Senhor Jesus, e vos bendizemos!
T.: **Porque por vossa Santa Cruz remistes o mundo!**

Do Livro do Profeta Isaías:
"Mas Ele foi castigado por nossos crimes, e esmagado por nossas iniquidades. O castigo que nos salva pesou sobre Ele, e fomos curados graças às suas chagas". *(Is 53,5)*

D.: Contemplemos esta primeira queda de Jesus debaixo da Cruz. Suas carnes estavam despedaçadas pelos açoites; sua cabeça coroada de espinhos, e havia já derramado muito sangue, pelo qual estava tão frágil, que apenas podia caminhar. Levava ao mesmo tempo aquele enorme peso sobre seus ombros e os soldados lhe empurravam; de modo que muitas vezes desfaleceu e caiu neste caminho.
T.: **Amado Jesus meu, por mim ides à morte, quero seguir vossa sorte, morrendo por vosso amor. Perdão e graça imploro, neste caminho de dor!**

— 15 —

L.: Amado Jesus meu: mais que o peso da Cruz, são meus pecados os que vos fazem sofrer tantas penas. Pelos méritos desta primeira queda, livrai-me de cair em pecado mortal.

***T.:* Amo-vos, ó meu Jesus, mais que a mim mesmo, e me arrependo de todo o coração de haver-vos ofendido; não permitais que volte a separar-me de vós outra vez. Fazei que vos ame sempre e dispondes de mim como desejais, como vos agradais. Amém.**
(Pai-nosso... Ave-Maria... Glória ao Pai...)

Canto
Pela cruz tão oprimido/ cai Jesus desfalecido,/ pela tua salvação! (bis)/ Pela Virgem dolorosa,/ vossa Mãe tão piedosa,/ perdoai-me, meu Jesus! (bis)

4ª ESTAÇÃO
JESUS SE ENCONTRA COM SUA SANTÍSSIMA MÃE

D.: Nós vos adoramos, Senhor Jesus, e vos bendizemos!
T.: **Porque por vossa Santa Cruz remistes o mundo!**

Evangelho segundo Lucas:
"Simeão abençoou-os e disse a Maria, sua mãe: 'Eis que este Menino está destinado a ser uma causa de queda e de soerguimento para muitos homens em Israel, e a ser um sinal que provocará contradições, a fim de serem revelados os pensamentos de muitos corações. E uma espada transpassará a tua alma'". *(Lc 2,34-35)*

D.: Contemplemos o encontro do Filho com sua Mãe neste caminho. Olharam-se mutuamente Jesus e Maria, e seus olhares foram outras tantas flechas que traspassaram seus amantes corações.
T.: **Amado Jesus meu, por mim ides à morte, quero seguir vossa sorte, morrendo por vosso amor. Perdão e graça imploro, neste caminho de dor!**

L.: Amantíssimo Jesus meu: pela pena que experimentastes neste encontro, concedei-me a graça de ser verdadeiro devoto de vossa Santíssima Mãe. E vós, minha aflita Rainha, que fostes coberta de dor, alcançai-me com vossa intercessão uma contínua e amorosa memória da Paixão de vosso Filho.

T.: Amo-vos, ó meu Jesus, mais que a mim mesmo, e me arrependo de todo o coração de haver-vos ofendido; não permitais que volte a separar-me de vós outra vez. Fazei que vos ame sempre e dispondes de mim como desejais, como vos agradais. Amém
(Pai-nosso... Ave-Maria... Glória ao Pai...)

Canto
De Maria lacrimosa/ no encontro lastimosa,/ vê a imensa compaixão! (bis)/ Pela Virgem dolorosa,/ vossa Mãe tão piedosa,/ perdoai-me, meu Jesus! (bis)

5ª ESTAÇÃO
JESUS É AJUDADO POR SIMÃO CIRINEU A LEVAR A CRUZ

D.: Nós vos adoramos, Senhor Jesus, e vos bendizemos!
T.: **Porque por vossa Santa Cruz remistes o mundo!**

Evangelho segundo Marcos:
"Passava por ali certo homem de Cirene, chamado Simão, que vinha do campo, pai de Alexandre e de Rufo, e obrigaram-no a carregar a cruz de Jesus". *(Mc 15,21-22)*

D.: Contemplemos como os judeus, ao ver que Jesus ia desfalecendo cada vez mais, temeram que Ele morresse no caminho, e como desejavam vê-lo morrer da morte infame de Cruz, obrigaram Simão, o Cirineu, a que lhe ajudasse a levar aquele pesado madeiro.
T.: **Amado Jesus meu, por mim ides à morte, quero seguir vossa sorte, morrendo por vosso amor. Perdão e graça imploro, neste caminho de dor!**

L.: Dulcíssimo Jesus meu: não quero recusar a Cruz, como o fez o Cirineu, antes bem a aceito e a abraço; aceito em particular a morte que tenhais destinada para mim, com todas as penas que a têm de acompanhar, mas me uno a vossa cruz, pois quero morrer convosco.

T.: Amo-vos, ó meu Jesus mais que a mim mesmo, e me arrependo de todo o coração de haver-vos ofendido; não permitais que volte a separar-me de vós outra vez. Fazei que vos ame sempre e dispondes de mim como desejais, como vos agradais. Amém.

(Pai-nosso... Ave-Maria... Glória ao Pai...)

Canto
Em extremo desmaiado,/ deve auxílio, tão cansado,/ receber do Cirineu! (bis)/ Pela Virgem dolorosa,/ vossa Mãe tão piedosa,/ perdoai-me, meu Jesus! (bis)

6ª ESTAÇÃO
JESUS TEM O ROSTO ENXUGADO POR VERÔNICA

D.: Nós vos adoramos, Senhor Jesus, e vos bendizemos!
T.: **Porque por vossa Santa Cruz remistes o mundo!**

Do Livro dos Salmos:
"Fazei brilhar sobre nós, Senhor, a luz da vossa face. Confiado na vossa justiça, eu contemplarei a vossa face; ao despertar, saciar-me-ei com a visão de vossa imagem. *(Sl 4,7; 16,15)*

D.: Contemplemos como a devota mulher chamada Verônica, ao ver Jesus tão fatigado e com o rosto banhado em suor e sangue, ofereceu-lhe um lenço. E, limpando-se com ele, nosso Senhor deixou impresso neste sua santa imagem.
T.: **Amado Jesus meu, por mim ides à morte, quero seguir vossa sorte, morrendo por vosso amor. Perdão e graça imploro, neste caminho de dor!**
L.: Amado Jesus meu: em outro tempo vosso rosto era lindíssimo; mas nesta dolorosa viagem, as

feridas e o sangue têm mudado vossa beleza. Ah! Senhor meu, também minha alma ficou linda a vossos olhos, quando recebi a graça do batismo, mas eu a tenho desfigurado depois com meus pecados. Vós apenas, oh! Redentor meu, podeis restituir-lhe minha beleza passada: fazendo-o pelos méritos de vossa Paixão.

T.: Amo-vos, ó meu Jesus, mais que a mim mesmo, e me arrependo de todo o coração de haver-vos ofendido; não permitais que volte a separar-me de vós outra vez. Fazei que vos ame sempre e disponde de mim como desejais, como vos agradais. Amém.

(Pai-nosso... Ave-Maria... Glória ao Pai...)

Canto

O seu rosto, ensanguentado,/ por Verônica é enxugado,/ eis no pano apareceu! (bis)/ Pela Virgem dolorosa,/ vossa Mãe tão piedosa,/ perdoai-me, meu Jesus! (bis)

7ª ESTAÇÃO
JESUS CAI PELA SEGUNDA VEZ

D.: Nós vos adoramos, Senhor Jesus, e vos bendizemos!
T.: **Porque por vossa Santa Cruz remistes o mundo!**

Do Livro dos Salmos:
"O Senhor torna firmes os passos do homem e aprova seus caminhos. Ainda que caia, não ficará prostrado, porque o Senhor o sustenta pela mão". *(Sl 36,23-24)*

D.: Contemplemos a segunda queda de Jesus debaixo da Cruz, na qual se lhe renova a dor das feridas de sua cabeça e de todo o seu corpo ao aflito Senhor.
T.: **Amado Jesus meu, por mim ides à morte, quero seguir vossa sorte, morrendo por vosso amor. Perdão e graça imploro, neste caminho de dor!**
L.: Oh! pacientíssimo Jesus meu: vós tantas vezes me haveis perdoado, e eu tenho voltado a cair e a ofender-vos. Ajudai-me, pelos méritos desta nova queda, a perseverar em vossa graça até a morte.

Fazei que em todas as tentações que me assaltem, sempre e prontamente me encomende a vós.

T.: Amo-vos, ó meu Jesus, mais que a mim mesmo, e me arrependo de todo o coração de haver-vos ofendido; não permitais que volte a separar-me de vós outra vez. Fazei que vos ame sempre e dispondes de mim como desejais, como vos agradais. Amém.
(Pai-nosso... Ave-Maria... Glória ao Pai...)

Canto
Outra vez desfalecido/ pelas dores abatido,/ cai por terra o Salvador! (bis)/ Pela Virgem dolorosa,/ vossa Mãe tão piedosa,/ perdoai-me, meu Jesus! (bis)

8ª ESTAÇÃO
JESUS CONSOLA AS MULHERES DE JERUSALÉM

D.: Nós vos adoramos, Senhor Jesus, e vos bendizemos!
T.: Porque por vossa Santa Cruz remistes o mundo!

Evangelho segundo Lucas:
"Seguiam uma grande multidão de povo e de mulheres, que batiam no peito e o lamentavam. Voltando-se para elas, Jesus disse: 'Filhas de Jerusalém, não choreis sobre mim, mas chorai sobre vós mesmas e sobre vossos filhos'". *(Lc 23,27-28)*

D.: Contemplemos como algumas piedosas mulheres, vendo Jesus em tão lastimoso estado, que ia derramando sangue pelo caminho, choravam de compaixão; mas Jesus lhes disse: "Não choreis por mim, mas sim por vós mesmas e por vossos filhos".
T.: Amado Jesus meu, por mim ides à morte, quero seguir vossa sorte, morrendo por vosso amor. Perdão e graça imploro, neste caminho de dor!

L.: Aflito Jesus meu: choro as ofensas que os tenho feito, pelos castigos que tenho merecido, mas muito mais pelo desgosto que tenho dado a vós, que tão ardentemente me haveis amado. Não é tanto o Inferno, o que me faz chorar meus pecados, mas ter ofendido vosso amor imenso.

T.: Amo-vos, ó meu Jesus, mais que a mim mesmo, e me arrependo de todo o coração de haver-vos ofendido; não permitais que volte a separar-me de vós outra vez. Fazei que vos ame sempre e dispondes de mim como desejais, como vos agradais. Amém.
(Pai-nosso... Ave-Maria... Glória ao Pai...)

Canto
Das mulheres piedosas,/ de Sião filhas chorosas,/ é Jesus consolador! (bis)/ Pela Virgem dolorosa,/ vossa Mãe tão piedosa,/ perdoai-me, meu Jesus! (bis)

9ª ESTAÇÃO
JESUS CAI PELA TERCEIRA VEZ DEBAIXO DA CRUZ

D.: Nós vos adoramos, Senhor Jesus, e vos bendizemos!
T.: **Porque por vossa Santa Cruz remistes o mundo!**

Da Primeira Carta de São Pedro:
"Também Cristo padeceu por vós, deixando-vos exemplo para que sigais seus passos. Carregou os nossos pecados em seu corpo sobre o madeiro para que, mortos aos nossos pecados, vivamos para a justiça. Suas feridas nos curaram". *(1Pd 2,21.24)*

D.: Contemplemos a terceira queda de Jesus Cristo. Extremada era sua fraqueza e excessiva a crueldade dos soldados, que queriam fazer-lhe apressar o passo, quando apenas lhe restavam forças para mover-se lentamente.
T.: **Amado Jesus meu, por mim ides à morte, quero seguir vossa sorte, morrendo por vosso amor. Perdão e graça imploro, neste caminho de dor!**

L.: Atormentado Jesus meu: pelos méritos da debilidade que quisestes padecer em vosso caminho ao Calvário, dai-me a fortaleza necessária para vencer os respeitos humanos e todos os meus desordenados e perversos apetites, que me têm feito desprezar vossa amizade.

T.: Amo-vos, ó meu Jesus, mais que a mim mesmo, e me arrependo de todo o coração de haver-vos ofendido; não permitais que volte a separar-me de vós outra vez. Fazei que vos ame sempre e dispondes de mim como desejais, como vos agradais. Amém.
(Pai-nosso... Ave-Maria... Glória ao Pai...)

Canto
Cai terceira vez prostrado,/ pelo peso redobrado,/ dos pecados e da cruz! (bis)/ Pela Virgem dolorosa,/ vossa Mãe tão piedosa,/ perdoai-me, meu Jesus! (bis)

10ª ESTAÇÃO
JESUS É DESPIDO DE SUAS VESTES

D.: Nós vos adoramos, Senhor Jesus, e vos bendizemos!
T.: Porque por vossa Santa Cruz remistes o mundo!

Evangelho segundo João:
"Tomaram suas vestes e fizeram delas quatro partes, uma para cada soldado. A túnica, porém, toda tecida de alto a baixo, não tinha costura. Disseram, pois, uns aos outros: 'Não a rasguemos, mas deitemos sorte sobre ela para ver de quem será'. Assim se cumpria a Escritura: 'Repartiram entre si as minhas vestes e deitaram sorte sobre minha túnica'". *(Jo 19,23-24)*

D.: Contemplemos como ao ser despojado Jesus de suas vestes pelos soldados, estando a túnica interior pregada às carnes descoladas pelos açoites, arrancaram-lhe também com ela a pele de seu sagrado corpo.

T.: **Amado Jesus meu, por mim ides à morte, quero seguir vossa sorte, morrendo por vosso amor. Perdão e graça imploro, neste caminho de dor!**

L.: Compadece-se a vosso Senhor e diga-lhe: "Inocente Jesus meu, pelos méritos da dor que sofrestes, ajudai-me a desnudar-me de todos os afetos às coisas terrenas, para que possa eu pôr todo o meu amor em vós, que tão digno sois de ser amado".

T.: **Amo-vos, ó meu Jesus, mais que a mim mesmo, e me arrependo de todo o coração de haver-vos ofendido; não permitais que volte a separar-me de vós outra vez. Fazei que vos ame sempre e dispondes de mim como desejais, como vos agradais. Amém.**

(Pai-nosso... Ave-Maria... Glória ao Pai...)

Canto
Dos vestidos despojado,/ por alguns maltratado,/ eu vos vejo meu Jesus! (bis)/ Pela Virgem dolorosa,/ vossa Mãe tão piedosa,/ perdoai-me, meu Jesus! (bis)

11ª ESTAÇÃO
JESUS PREGADO NA CRUZ

D.: Nós vos adoramos, Senhor Jesus, e vos bendizemos!
T.: Porque por vossa Santa Cruz remistes o mundo!

Evangelho segundo Lucas:
"Quando chegaram ao lugar chamado Calvário, ali o crucificaram, como também os ladrões, um à direita e outro à esquerda. Jesus dizia: 'Pai, perdoai-lhes, porque não sabem o que fazem'". *(Lc 23,33-34)*

D.: Contemplemos como Jesus, estendido sobre a Cruz, abre seus pés e mãos e oferece ao Eterno Pai o sacrifício de sua vida por nossa salvação; cravam-lhe aqueles bárbaros soldados e depois levantam a Cruz ao alto, deixando-lhe morrer de dor, sobre aquele patíbulo infame.
T.: Amado Jesus meu, por mim ides à morte, quero seguir vossa sorte, morrendo por vosso amor. Perdão e graça imploro, neste caminho de dor!

L.: Oh! desprezado Jesus meu: cravai meu coração a vossos pés, para que permaneça sempre ali vos amando e não vos deixe mais.
T.: Amo-vos, ó meu Jesus, mais que a mim mesmo, e me arrependo de todo o coração de haver-vos ofendido; não permitais que volte a separar-me de vós outra vez. Fazei que vos ame sempre e dispondes de mim como desejais, como vos agradais. Amém.
(Pai-nosso... Ave-Maria... Glória ao Pai...)

Canto
Sois por mim à cruz pregado,/ insultado, blasfemado,/ com cegueira e com furor! (bis)/ Pela Virgem dolorosa,/ vossa Mãe tão piedosa,/ perdoai-me, meu Jesus! (bis)

12ª ESTAÇÃO
JESUS MORRE NA CRUZ

D.: Nós vos adoramos, Senhor Jesus, e vos bendizemos!
T.: Porque por vossa Santa Cruz remistes o mundo!

Evangelho segundo João:
"Havendo Jesus tomado do vinagre, disse: 'Tudo está consumado'. Inclinou a cabeça e entregou o espírito. Vieram os soldados e quebraram as pernas do primeiro e do outro que com Ele foram crucificados. Chegando, porém, a Jesus, como o vissem já morto, não lhe quebraram as pernas, mas um dos soldados abriu-lhe o lado com uma lança e imediatamente saiu sangue e água". *(Jo 19,30; 32-34)*

D.: Contemplemos como Jesus, depois de três horas de agonia, consumido de dores e exausto de forças seu corpo, inclina a cabeça e expia na Cruz.
T.: Amado Jesus meu, por mim ides à morte, quero seguir vossa sorte, morrendo por vosso amor. Perdão e graça imploro, neste caminho de dor!

L.: Oh! morto Jesus meu: beijo enternecido essa Cruz em que por mim haveis morrido. Eu, por meus pecados, teria merecido uma má morte, mas a vossa é minha esperança. Eis, pois Senhor, pelos méritos de vossa Santíssima morte, concedei-me a graça de morrer abraçado a vossos pés e consumido por vosso amor. Em vossas mãos encomendo minha alma.

T.: **Amo-vos, ó meu Jesus, mais que a mim mesmo, e me arrependo de todo o coração de haver-vos ofendido; não permitais que volte a separar-me de vós outra vez. Fazei que vos ame sempre e disponde de mim como desejais, como vos agradais. Amém.**

(Pai-nosso... Ave-Maria... Glória ao Pai...)

Canto

Meu Jesus, por mim morrestes,/ por meus crimes padecestes./ Oh, que grande é a minha dor! (bis)/ Pela Virgem dolorosa,/ vossa Mãe tão piedosa,/ perdoai-me, meu Jesus! (bis)

13ª ESTAÇÃO
JESUS É DESCIDO DA CRUZ

D.: Nós vos adoramos, Senhor Jesus, e vos bendizemos!
T.: Porque por vossa Santa Cruz remistes o mundo!

Evangelho segundo João:
"Depois disso, José de Arimateia, que era discípulo de Jesus, mas ocultamente, por medo dos judeus, rogou a Pilatos a autorização para tirar o corpo de Jesus. Pilatos permitiu. Foi, pois, e tirou o corpo de Jesus. Acompanhou-o Nicodemos, aquele que anteriormente fora de noite ter com Jesus, levando umas cem libras de uma mistura de mirra e aloés. Tomaram o corpo de Jesus e o envolveram em panos com os aromas, como os judeus costumam sepultar". *(Jo 19,38-40)*

D.: Contemplemos como, havendo expirado o Senhor, baixaram-lhe da Cruz dois de seus discípulos, José e Nicodemos, e lhe depositaram nos braços de sua dolorosíssima Mãe, Maria, que lhe recebeu com ternura e lhe apertou contra seu peito traspassado de dor.

T.: **Amado Jesus meu, por mim ides à morte, quero seguir vossa sorte, morrendo por vosso amor. Perdão e graça imploro, neste caminho de dor!**

L.: Oh! Mãe dolorosíssima: pelo amor deste Filho, admiti-me por vosso servo e rogai-lhe por mim. E vós, Redentor meu, já que haveis querido morrer por mim, recebei-me no número dos que vos amam mais, pois eu não quero amar nada fora de vós.

T.: **Amo-vos, ó meu Jesus, mais que a mim mesmo, e me arrependo de todo o coração de haver-vos ofendido; não permitais que volte a separar-me de vós outra vez. Fazei que vos ame sempre e disponde de mim como desejais, como vos agradais. Amém.**

(Pai-nosso... Ave-Maria... Glória ao Pai...)

Canto
Do madeiro vos tiraram/ e à mãe vos entregaram,/ com que dor e compaixão! (bis)/ Pela Virgem dolorosa,/ vossa Mãe tão piedosa,/ perdoai-me, meu Jesus! (bis)

14ª ESTAÇÃO
JESUS É COLOCADO NO SEPULCRO

D.: Nós vos adoramos, Senhor Jesus, e vos bendizemos!
T.: Porque por vossa Santa Cruz remistes o mundo!

Evangelho segundo Mateus:
"José tomou o corpo, envolveu-o num lençol limpo e o depositou em seu sepulcro novo, que tinha mandado abrir na rocha. Depois rolou uma grande pedra à entrada do túmulo e retirou-se". *(Mt 27,59-60)*

D.: Contemplemos como os discípulos sepultaram Jesus, acompanhando-lhe também sua Santíssima Mãe, que lhe depositou no sepulcro com suas próprias mãos. Depois cerraram a porta do sepulcro e se retiraram.
T.: Amado Jesus meu, por mim ides à morte, quero seguir vossa sorte, morrendo por vosso amor. Perdão e graça imploro, neste caminho de dor!
L.: Oh! Jesus meu sepultado: beijo essa pedra que vos encerra. Vós ressuscitastes depois de três dias;

por vossa ressurreição, eu vos peço e vos suplico me façais ressuscitar glorioso no dia do juízo final, para estar eternamente convosco na glória, amando-vos e bendizendo-vos.

T.: **Amo-vos, ó meu Jesus, mais que a mim mesmo, e me arrependo de todo o coração de haver-vos ofendido; não permitais que volte a separar-me de vós outra vez. Fazei que vos ame sempre e disponde de mim como desejais, como vos agradais. Amém.**

(Pai-nosso... Ave-Maria... Glória ao Pai...)

Canto
No sepulcro vos deixaram,/ sepultado vos choraram,/ magoado o coração! (bis)/ Pela Virgem dolorosa,/ vossa Mãe tão piedosa,/ perdoai-me, meu Jesus! (bis)

15ª ESTAÇÃO: JESUS RESSUSCITA DOS MORTOS

D.: Nós vos adoramos, Senhor Jesus, e vos bendizemos!
T.: Porque por vossa Santa Cruz remistes o mundo!

Evangelho segundo Lucas:
"No primeiro dia da semana, bem cedo, as mulheres foram ao sepulcro, levando os aromas que tinham preparado. Acharam removida a pedra que fechava o sepulcro. Entrando, não encontraram o corpo do Senhor Jesus. Enquanto estavam perplexas diante disto, apareceram diante delas dois homens com vestes resplandecentes. Cheias de medo, curvaram o rosto para o chão. Eles, porém, disseram-lhes: 'Por que procurais entre os mortos aquele que está vivo? Ele não está aqui, mas ressuscitou'". *(Lc 24,1-6)*

L.: Olhai-me, Senhor, e iluminai-me, perdoai-me especialmente as ingratidões que vos mostrei no passado, pensando tão pouco em vossa paixão e no amor que nela me mostrastes. Agradeço-vos a luz que me concedeis, fazendo-me conhecer, por meio de vossas chagas e membros lacerados, como por meio de outros tantos degraus, o terno afeto que me tendes.

T.: Ó coração aberto de meu Redentor, ó morada bem-aventurada das almas amantes, não vos digneis de receber também a minha alma.

(Pai-nosso... Ave-Maria... Glória ao Pai...)

Canto
Meu Jesus por vossos passos,/ recebei em vossos braços/ a mim, pobre pecador! (bis)/ Pela Virgem dolorosa,/ vossa Mãe tão piedosa,/ perdoai-me, meu Jesus! (bis)

ORAÇÃO FINAL

D.: Concluamos esta via-sacra, rezando como rezou Santo Afonso:

T.: **Ó Cordeiro divino, que vos sacrificastes por nossa salvação! Ó vítima de amor, que fostes consumida de dores sobre a cruz! Oh! soubesse eu amar-vos como vós o mereceis. Oh! pudesse eu morrer por vós, como vós morrestes por mim! Eu, com meus pecados, causei-vos sofrimentos durante toda a vossa vida; fazei que eu vos agrade no resto de minha vida, vivendo só para vós, meu amor, meu tudo. Ó Maria, minha Mãe, vós sois a minha esperança; obtende-me a graça de amar a Jesus.**

D.: Terminamos o percurso da via-sacra, na qual meditamos e rezamos sobre as principais dificuldades que Jesus enfrentou no caminho até o Calvário. Continuemos unidos em Cristo com Maria, vivendo com alegria a presença redentora do Senhor em nossa vida, testemunhando seu amor hoje e sempre.

T.: **Amém. Assim seja.**

CÂNTICOS

1. BENDITA E LOUVADA SEJA – Tom: E
Popular brasileiro – Assoc. do Senhor Jesus

1. Bendita e louvada seja/ no céu a divina luz. E nós, também cá na terra,/ louvemos a Santa Cruz!
2. Os céus cantam a vitória/ de nosso Senhor Jesus. Cantemos também na terra/ louvores á Santa Cruz.
3. Sustenta gloriosamente/ nos braços ao bom Jesus; sinal de esperança e vida/ o lenho da Santa Cruz.
4. Humildes e confiantes/ levemos a nossa cruz,/ seguindo o sublime exemplo/ de nosso Senhor Jesus.
5. Cordeiro imaculado,/ por todos morreu Jesus;/ pagando as nossas culpas,/ é Rei pela sua Cruz.
6. É arma em qualquer perigo,/ é raio de eterna luz;/ bandeira vitoriosa,/ o santo sinal da Cruz.
7. Ao povo, aqui reunido,/ daí graça, perdão e luz!/ Salvai-nos, ó Deus clemente,/ em nome da Santa Cruz!

2. VITÓRIA! TU REINARÁS! – Tom: D
L.: David Julien/ M.: Melodia eslava Assoc. do Senhor Jesus

Vitória! Tu reinarás!/ Ó Cruz, tu nos salvarás!
1. Brilhando sobre o mundo/ que vive sem tua luz,/ tu és um sol fecundo/ de amor e de paz, ó Cruz.

2. Aumenta a confiança/ do pobre e do pecador,/ confirma nossa esperança/ na marcha para o Senhor.
3. Á sombra dos teus braços/ a Igreja viverá./ Por ti no eterno abraço/ o Pai nos acolherá.

3. ESTOU PENSANDO EM DEUS – Tom: E

Pe. Zezinho, SCJ – Paulinas Comep

Estou pensando em Deus./ Estou pensando no amor.
1. Os homens fogem do amor e depois que se esvaziam./ No vazio se angustiam e duvidam de Você./ Você chega perto deles, mesmo assim ninguém tem fé.
2. Eu me angustio quando vejo que depois de dois mil anos/ entre tantos desenganos poucos vivem sua fé./ Muitos falam de esperança, mas esquecem de Você.
3. Tudo podia ser melhor, se meu povo procurasse/ nos caminhos onde andasse pensar mais no seu Senhor./ Mas Você fica esquecido, e por isso falta o amor.
4. Tudo seria bem melhor, se o Natal não fosse um dia/ e se as mães fossem Maria e se os pais fossem José,/ e se a gente parecesse com Jesus de Nazaré.

4. SEU NOME É JESUS CRISTO – Tom: Dm

DR – Paulinas Comep

1. Seu nome é Jesus Cristo, e passa fome/ e grita pela boca dos famintos/ e a gente, quando o vê, passa adiante,/ ás vezes, pra chegar depressa á Igreja./ Seu nome é Jesus Cristo, e está sem casa/ e dorme

pelas ruas e calçadas,/ e a gente quando vê, aperta o passo/ e diz que ele dormiu embriagado.
Entre nós está e não o conhecemos. Entre nós está e nós o desprezamos.
2. Seu nome é Jesus Cristo, e é analfabeto/ e vive mendigando um subemprego/ e a gente, quando vê, diz: "É um 'à toa',/ melhor que trabalhasse não pedisse"./ Seu nome é Jesus Cristo, e está banido/ das rodas sociais e das Igrejas,/ porque dele fizeram um rei potente,/ enquanto ele vive como um pobre.
3. Seu nome é Jesus Cristo, e está doente/ e vive atrás das grades da cadeia,/ e nós tão raramente vamos vê-lo,/ sabemos que ele é um marginal./ Seu nome é Jesus Cristo, e anda sedento/ por um mundo de amor e de justiça,/ mas logo que contesta pela paz,/ a ordem o obriga a ser da guerra.

5. CORAÇÃO SANTO TU REINARÁS – Tom: Dm
Tradicional – Assoc. do Senhor Jesus
Coração Santo,/ tu reinarás;/ o nosso encanto/ sempre serás.
1. Jesus amável, Jesus piedoso,/ Pai amoroso, frágua de amor./ A teus pés venho, se tu me deixas,/ sentidas queixas, humilde expor.
2. Divino peito, que amor inflama,/ que em viva chama, ardendo estás,/ olha esta terra, tão desolada,/ e abrasada logo verás.

3. Estende, pois, teu suave fogo,/ e tudo logo se inflamará./ Mais tempo a terra, no mal sumida/ e endurecida não ficará.

4. Teu sacro fogo, amor ardente,/ como consente tão grande mal?/ Ao Brasil chegue tua bondade/ e caridade, Rei divinal!

6. BENDITA SEJAIS – Tom: E
Bendita sejais, Senhora das Dores!/ Ouvi nossos rogos, Mãe dos pecadores.

1. Ó Mãe dolorosa, que aflita chorais,/ repleta de dores, bendita sejais!

2. Manda Deus um anjo dizer que fujais/ do bárbaro Herodes, bendita sejais!

3. Que espada pungente vós experimentais,/ que o peito vos vara, bendita sejais!

4. Saindo do templo, Jesus não achais./ Que susto sofrestes! Bendita sejais!

5. Que tristes suspiros, então não lançais,/ que chegam aos céus! Bendita sejais!

6. Das lágrimas ternas, que assim derramais,/ nós somos a causa, bendita sejais!

7. Que dor tão cruel, quando o encontrais/ com a cruz ás costas, bendita sejais!

8. O amado Jesus vós acompanhais/ até o Calvário, bendita sejais!

9. Entre dois ladrões, Jesus divisais/ pendente dos cravos, bendita sejais!

10. A dor inda cresce quando reparais/ que expira Jesus, bendita sejais!
11. A todos que passam triste perguntais/ se há dor como a vossa, bendita sejais!
12. No vosso regaço seu corpo aceitais./ Sobre ele chorando, bendita sejais!
13. Com rogos e preces, vós o entregais/ para o sepultarem, bendita sejais!
14. Sem filho e tal filho, então suportais/ cruel soledade, bendita sejais!
15. Em triste abandono, Senhora, ficais,/ sem vosso Jesus, bendita sejais!
15. Em triste abandono, Senhora, ficais,/ sem vosso Jesus, bendita sejais!

7. PELAS ESTRADAS DA VIDA – Tom: C

M.: Espinosa – Paulus

1. Pelas estradas da vida/ nunca sozinho estas;/ contigo pelo caminho,/ Santa Maria vai.

Oh! Vem comigo, vem caminhar,/ Santa Maria, vem!

2. Mesmo que digam os homens:/ "Tu nada podes mudar!",/ luta por um mundo novo/ de unidade e paz.
3. Se pelo mundo, os homens,/ sem conhecer-se vão,/ não negues nunca a tua mão/ a quem te encontrar.
4. Se parecer tua vida/ inútil caminhar,/ pensa que abres caminho:/ outros te seguirão!

Este livro foi composto com as famílias tipográficas Ge Body e Calibri
e impresso em papel Offset 75g/m² pela **Gráfica Santuário.**